QU'EST-CE QUE

LE SUFFRAGE UNIVERSEL

PAR M. H... DE M...

Président honoraire de la Cour d'appel de......
Ancien député,
Officier de la Légion d'honneur.

PARIS,

GARNIER FRÈRES, LIBRAIRES
Au Palais-National.

Février 1850.

QU'EST-CE QUE
LE SUFFRAGE UNIVERSEL?

❖

> Non quam multis placeas sed
> qualibus stude.
>
> *(Publius Syrus, senten.)*

A la suite d'une révolution à peine terminée, les esprits sont plus ou moins préoccupés par des craintes, des regrets ou des espérances. L'apparence d'un danger suffit pour jeter dans l'irrésolution; le langage de la raison exerce peu d'empire, les observations les plus justes sont repoussées. C'est le règne du doute; et puis, quand on n'est pas assuré du lendemain, à quoi bon penser à l'avenir! Il résulte de cette situation qu'il est des questions politiques que l'on n'ose à peine aborder, tant leur solution paraît compliquée de difficultés. Il est difficile, il est vrai, de ne pas conserver un pénible souvenir d'événemens récents qui ont ébranlé tout l'ordre social. Comment ne pas être effrayé de ces monstrueuses prédications qui ont éveillé la cupidité d'une multitude ignorante et qui retentissent jusqu'au fond des campagnes? Qui pourra se persuader un jour qu'au XIXe siècle, alors que la civilisation et la science de l'économie politique avaient fait le plus de progrès, il se soit trouvé une époque où chez une nation éclairée on ait mis sérieusement en question le droit sacré de propriété, qu'il ait été besoin d'une sorte de croisade d'écrivains dévoués, s'imposant l'honorable tâche de le défendre contre les attaques de modernes Solons ne voulant rien moins que substituer à l'antique société française les créations fantasques de leur folle imagination ? On aura peine à croire que dans ces jours néfastes la capitale soit restée, des mois entiers, livrée à la plus affreuse anarchie, que chaque jour ses rues aient été parcourues par des masses de prolétaires guidés par des chefs, marchant avec ensemble, dictant des conditions à l'autorité chancelante ou complice, frémissant d'impatience, dans l'attente du moment où ils pourraient s'emparer de la proie qui leur était promise, de partager la France en lambeaux ; que ce ne fut qu'au patriotisme et au dévouement de la garde nationale, au courage et à la fidélité de l'armée, que la patrie dût d'être sauvée d'une ruine imminente.

Est-ce à dire qu'il faille se taire en présence de ce sentiment d'inquiétude générale qui règne au fond des âmes ? Je ne le pense pas. Je crois au contraire qu'il importe de sonder la plaie qui ronge le corps social et le menace d'une prochaine dissolution, de déclarer hautement qu'il est urgent d'y porter un remède héroïque.

Je ne remonterai pas aux causes qui ont pu déterminer la catastrophe de Février dont ces affreux désordres ont été la suite, sinon la conséquence. Je me bornerai à rappeler que la puissance publique, brusquement déplacée par l'invasion violente de l'enceinte législative,

passa dans des mains auxquelles assurément elle
n'eût pas été confiée si l'opinion, je ne dis pas de la
France mais seulement de la capitale, eût pu être con-
sultée ; que ces hommes, les uns inconnus, les autres
trop connus par leurs antécédents, eurent bientôt, par
leur incapacité, par leur exaltation et leurs mesures dé-
sastreuses, désorganisé l'administration, ruiné le commerce et le crédit, occasionné, soit à l'Etat soit aux par-
ticuliers, des pertes incalculables. Ces résultats sont
connus, constatés, il serait superflu de les énumérer. Ce
que j'ai à faire remarquer, c'est que ces pertes matériel-
les, quelqu'immenses qu'elles aient été, ne sont pas
de leur nature irréparables ; que la France pleine de
vitalité a pu, après d'aussi rudes épreuves, se relever et
redevenir florissante, mais que le mal profond, le mal
auquel il sera plus difficile de remédier, c'est la démora-
lisation du peuple, sur lequel ont eu tant de prise les
pernicieuses doctrines du socialisme, publiquement professées, favorisées par un gouvernement qui a complété
son œuvre de démolition en décrétant le suffrage universel [1].

Il serait hors de propos d'aborder la question de
savoir si le Gouvernement républicain est ou n'est pas le
plus favorable à la liberté, s'il est en rapport avec les
mœurs, s'il est ou s'il n'est pas vrai qu'il y ait trop de monarchie dans les habitudes pour supporter la république [2].
On a dit déjà, et on peut le redire, qu'elle fut subie et non
volontairement acceptée. On conçoit que dans les circon-

[1] Décret du 5 mars 1848.
[2] M. de Lamartine, *Moniteur* du 10 janvier 1839.

stances critiques où se trouvait la France après le 24 février, les hommes sages de tous les partis, envisageant les faits comme accomplis, aient senti la nécessité de se rallier au gouvernement nouveau, persuadés qu'ils étaient que la constitution des États peut varier à l'infini; qu'il en est même où la distribution des pouvoirs est telle que l'on pourrait indifféremment les ranger sous la dénomination de gouvernement monarchique ou de gouvernement républicain. Tel était, à l'hérédité près, le gouvernement fondé par la Charte de 1830. Que le chef de l'État porte le nom de consul ou d'empereur, de président ou de roi, peu importe donc. Celui qui, au milieu de l'Europe armée, de Nations ambitieuses ou jalouses, réunira le plus de force et d'unité d'action, plus de garanties de durée, sera celui qui conviendra le mieux à la France. Ce qui importe c'est que la liberté et la sécurité de tous soit assurée, que la loi soit respectée et les mauvaises passions comprimées.

Les hommes modérés, ralliés par le danger commun à l'autorité quelle qu'elle fût, n'ont pas rejeté comme injurieuse l'appellation dédaigneuse de *républicains du lendemain* sous laquelle les républicains de la veille les ont désignés. Loin de s'en sentir blessés ils s'en honorent, et à ce titre ils n'ont pas cessé de déclarer qu'ils voulaient bien donner leur concours et leur appui à une république honnête, pouvant se concilier avec l'état des mœurs et de la civilisation, mais qu'ils s'opposeraient de toutes leurs forces à ce que la révolution politique, consommée sans leur participation, fût transformée en une révolution sociale. Toutes les anciennes nuances d'opinions, tous les partis, hormi le parti radical, ont été jusqu'à ce jour réunis sous le même drapeau, et leur alliance, quoi que l'on dise, sera durable parce qu'il y a, pour les amis de l'ordre, nécessité de tous les instants de défendre la société incessamment attaquée par des ennemis pleins d'audace, qui, s'ils n'ont pas pour eux le droit et la raison, ont eu souvent le nombre, et toujours l'audace et la persévérance.

Il n'y a qu'une seule et unique question à examiner.

Les garanties nécessaires pour assurer l'ordre en général et la sécurité de tous en particulier se rencontrent-elles dans un état de choses qui admet comme principe constitutionnel le suffrage universel direct et sans limites?

Je n'hésite pas à me prononcer pour la négative et à dire qu'il n'est pas seulement une déception, que c'est un contre-sens politique et la révolution en permanence.

Première Objection.

On fait une objection. On dit, à supposer que ce soit dans la vue de flatter le peuple que le Gouvernement provisoire a proclamé le principe, l'Assemblée constituante a eu tout le temps d'en peser les avantages, d'en mesurer les inconvénients. La Constitution a été rédigée par des hommes éclairés, élaborée, révisée par une commission nombreuse, et c'est après une discussion publique et solennelle que le suffrage universel a été consacré.

Pour répondre à l'objection, il suffit de rappeler sous

quelles influences eurent lieu les nominations à l'Assemblée constituante[1], quel esprit animait, dans le début,
cette nombreuse assemblée, quelles furent ses tendances
jusqu'aux journées de Juin. On peut, en jugeant les
hommes avec impartialité et tenant compte des circonstances, affirmer que, parmi les représentants, ceux qui
auraient été le plus disposés à combattre le principe, en
tant que conduisant à l'anarchie, n'étaient pas, même
après les barricades, en mesure de profiter de la vic-
toire remportée sur l'insurrection ; qu'ils n'avaient pas
entre eux de lien commun, que plusieurs étaient plus ou
moins compromis avec le parti vaincu, que dans la position équivoque où ils se trouvaient placés et sous la
pression du dehors, il eût peut-être été imprudent, je ne
dis pas d'exprimer toute leur pensée, mais même de
laisser percer leur improbation, relativement à une innovation aussi fondamentale ; qu'en eussent-ils eu le courage, ils ne pouvaient espérer de résister à l'impulsion
révolutionnaire. On était loin alors de ces jours tant re-
grettés où le parti constitutionnel se bornait à réclamer
quelques modifications de la loi électorale. Le parti
radical avait complétement triomphé, il n'eût été rien
moins que disposé à céder du terrain à ses adversaires.

---

[1] « C'est de la composition de l'assemblée que dépendent nos
« destinées ; il faut qu'elle soit animée de *l'esprit révolutionnaire*
« que les élections nous donnent tous *hommes de la veille*, pas du
« lendemain, des hommes, autant que possible, sortis du peuple.
« '... Quels sont vos pouvoirs ? *ils sont illimités* ; agents d'une au-
« torité révolutionnaire, vous êtes révolutionnaires aussi...
(*Extraits des circulaires des 8 et 12 mars 1848, adressées
aux commissaires du Gouvernement provisoire*).

Le suffrage universel est en effet la citadelle où il s'est retranché et d'où il compte bien foudroyer un jour ceux qui ont instantanément obtenu sur lui l'avantage. Il ne dissimule pas ses espérances, il les révèle dans toutes les feuilles qui lui servent d'organes. « La Constitution, « dit l'un, est pour nous tout entière dans cette double « formule, *suffrage universel* et progrès. Le reste, y com- « pris la présidence, est affaire d'administration[1]. » « Le « socialisme, dit l'autre, qui est aujourd'hui l'opinion « de la majorité du pays, est une opinion proscrite. Sous « le suffrage universel, il y a des opinions qu'on s'arroge « le droit d'excommunier, de déclarer abominables, im- « pies, subversives, sans songer que le *premier scrutin* « *général qui interrogera la France les fera probablement* « *triompher* [2]. »

Pour fortifier l'objection, on ajoute que le Gouverne- ment provisoire, en décrétant le suffrage universel, n'a fait qu'acte de justice, qu'il n'a fait que restituer au peu- ple un droit qui primitivement lui appartenait, et pour me servir de l'expression favorite, un droit préexistant.

Je me donnerai bien de garde de me jeter dans les dé- finitions ou distinctions plus ou moins vagues, plus ou moins hasardées, des droits résultant du contrat social Il vaut mieux, ce me semble, laissant de côté les théories, s'attacher, pour résoudre la question, aux principes dont l'application, depuis des siècles, a prouvé l'évidence ou l'utilité.

---

[1] Proudhon, *Avis au parti de l'ordre*, 1er novembre 1849.
[2] *La République*, feuille du 8 janvier 1850.

Il est un principe incontestable, c'est que l'intérêt de la société est la première règle que doit consulter le législateur. Il en est un autre non moins certain, c'est que toute société ou association a le droit de prendre pour sa conservation toute mesure jugée indispensable.

Pour apprécier les avantages ou les inconvénients du suffrage universel, il faut donc l'envisager sous le rapport de l'intérêt général, et non sous celui de l'intérêt particulier ou de l'individu.

D'après les principes posés, il est évident que les destinées de la société, que la gestion de ses affaires doivent être confiées de préférence à ceux qui ont un intérêt actuel à la défendre. Qu'ainsi, quand il s'agira d'élire soit le chef de l'Etat, soit les législateurs dont les résolutions peuvent, en définitive, être ou salutaires ou fatales, la loi peut et doit exiger des garanties de la part de ceux auxquels elle confie cette mission importante. Ces garanties peuvent être de diverses natures, elles peuvent être variables. La qualité d'électeur peut être temporaire, les conditions peuvent être suspensives. Si la qualité de propriétaire est exigée, cette qualité peut s'acquérir ou se perdre. L'incapacité cesse dès que l'individu, incapable jusque-là, parvient à remplir les conditions déterminées. Il ne faudrait donc pas, comme on l'a fait avant la République, dire que l'électorat serait un privilége. Il ne pourrait jamais être un privilége, le droit qui ne serait ni héréditaire ni personnel. Il vaudrait mieux dire comme Barnave, « que ce n'est pas un droit sous le gouverne-« ment représentatif, mais une fonction ; que c'est une « fonction publique que la société dispense ainsi que

« lui prescrit son intérêt[1]. » Ce sera, si l'on veut, une délégation de la souveraineté, mais une délégation qui ne peut être faite au hasard et sans choix.

Si c'est une fonction, le législateur doit, pour admettre à l'exercer, se déterminer d'après les principes qui lui servent de règle dans les cas analogues. Il exige pour toutes les fonctions et professions des conditions et des garanties. N'est pas qui veut juge, notaire, avoué, médecin, etc. Qu'on n'invoque pas ici l'égalité, car ce serait partir d'un principe qui n'est pas contesté en lui-même, mais qui ne peut être d'une application absolue ou universelle. L'égalité consiste dans la faculté d'arriver à tout, mais ne dispense pas des conditions ou des épreuves par où il faut passer avant d'arriver.

C'est donc à tort qu'on voudrait faire dériver de la souveraineté du peuple ce prétendu droit primitif.

Le Peuple.

Le peuple, auquel, dans l'acception la plus large du mot, on attribue la souveraineté, ne l'a jamais exercée que par délégation, sous une forme ou sous une autre. Il est incapable de l'exercer par lui-même. C'est pour l'ennivrer et s'en faire un instrument que ses flatteurs lui parlent si souvent de sa souveraineté. Qu'entendait-on par le peuple, lorsqu'il était convoqué aux anciennes assemblées du champ de mai ? c'étaient les détenteurs d'alleux, les hommes de guerre, *milites vassi*, les muni-

[1] Assemblée Constituante, 1790.

cipaux et certaines notabilités en dehors de la masse des prolétaires. Le peuple c'était, ainsi que le dit Bignon, *capita populi* [1], et cependant les capitulaires qui étaient le résumé législatif de ces délibérations solennelles n'en étaient pas moins publiés comme arrêtés *consensu populorum*.

S'il est vrai que c'est au progrès des lumières et de la civilisation qu'est dû le triomphe du droit sur la force, il est également vrai que ce serait faire rétrograder la civilisation que de donner aux masses, si faciles à égarer, la suprême direction des affaires publiques, et ce serait la leur donner si la prépondérance dépendait du nombre seul des électeurs. Il est également vrai que l'influence principale doit appartenir aux citoyens ayant des droits et des intérêts à défendre, en position de comprendre l'étendue des obligations et des devoirs qu'ils ont à remplir. Si l'on s'écarte de ces principes, il n'y a plus rien de stable, on tombe par une pente irrésistible dans la démagogie, dans cet état anarchique si bien caractérisé par l'un des dictateurs de 1848 dont l'autorité peut avoir quelque poids, par un homme qui a vu de près les bas-fonds de la société, qui y a vu en ébullition les éléments impurs s'agitant pour monter à la surface, par celui enfin qui, dans une occasion des plus critiques, fit preuve non-seulement de patriotisme et de courage, mais d'une rare présence d'esprit [2] : « La démagogie, c'est le gouverne-

----

[1] Bignon, *Commentaires sur les capitulaires.*

[2] M. de Lamartine. Allocution sur le perron de l'Hôtel-de-Ville, le 26 février 1848.

« ment renversé, le gouvernement où l'on met les pieds
« où Dieu a mis la tête, le gouvernement de l'ignorance,
« de la brutalité ou du vice, le gouvernement des plus
« stupides et des plus scélérats, au lieu du gouverne-
« ment de l'intelligence, de la moralité et de la vertu,
« qui est le vrai gouvernement des républicains raison-
« nables [1]. »

Dans les républiques anciennes, comme dans les républiques modernes, le droit électoral a toujours, ainsi que dans l'ancienne monarchie, été attaché à certaines positions, à certaines conditions de rang, de fortune ou de fonctions. Les classes inférieures ne furent jamais admises à participer aux affaires de l'Etat que dans des cas prévus et déterminés. Que les citoyens fussent, comme à Rome, divisés en tribus et en centuries, par classes comme à Athènes; qu'il ait fallu en France, pour être admis aux Etats-Généraux, être compris dans certaines classes de notabilités, appartenir à l'un des trois ordres de l'État; qu'après 1789, pour être électeur, il ait fallu être citoyen actif, plus tard faire partie des listes communales, départementales ou nationales, payer une cote de contributions ou remplir certaines fonctions : partout on remarque l'intention du législateur d'écarter, par voie d'élimination ou de classification, les individus qui n'offrent pas à la société de garanties suffisantes.

Dans tous les gouvernements constitutionnels, on voit également que le droit électoral a été renfermé dans des limites qu'il n'est pas permis de franchir.

[1] M. de Lamartine, *De la démagogie.*

En Angleterre, il faut justifier de 40 schellings de revenu.
A la vérité ce revenu est extrémement faible, il ne représente pas aujourd'hui la vingtième partie de sa valeur
au temps de Henri VI, qui, par son statut, l'avait ainsi
fixé. Aussi tout candidat peut, en prodiguant les guinées,
espérer d'arriver à la Chambre des communes. Cet incon-
vénient ou plutôt ce scandale a tellement frappé les
esprits dans ce pays que les chefs du parti radical ou de
la réforme proposent eux-mêmes, comme disposition
nouvelle, un cens qui serait supérieur à celui dont il
fallait justifier d'après la loi française de 1831. « La
« véritable raison, a dit un écrivain dont l'opinion fait
« autorité dans tous les pays civilisés, la véritable rai-
« son qui fait qu'on exige certaines qualités dans les
« électeurs, relativement aux biens qu'ils possèdent, est
« afin d'exclure ceux que la bassesse de leur état fait
« soupçonner de n'être pas dans le cas d'avoir une
« volonté à eux. Les gens riches, puissants ou adroits,
« auraient alors dans les élections une influence incom-
« patible avec la liberté générale qui doit y régner. [1] »
Cette opinion serait, s'il en était besoin, corroborée par
celle d'un représentant qui tient à honneur de professer
les principes démocratiques. « Aussi longtemps que
« l'ignorance et la pauvreté formeront le lot des masses,
« le peuple, dans les campagnes, ne sera souverain que
« de nom, esclave du besoin, privé d'instruction, à la
« merci du possesseur des instruments de travail, il
« votera inévitablement sans indépendance et sans
« intelligence, et son vote, toujours dicté par l'influence

---

[1] Blakstone. *Commentaire sur les lois anglaises*. *Bruxelles,* 1774.

« alternative ou combinée du donjon et du presbytère,
« ne sera le plus souvent qu'une formalité matérielle,
« superficiellement démocratique, mais toute favorable
« au fond aux intérêts aristocratiques. [1] »

Aux États-Unis, où la démocratie se trouve le plus à l'aise, le droit de voter n'appartient pas à tous. Là les hommes de couleur, ceux qui reçoivent des secours publics, et ils y sont très-nombreux, ceux qui ne sont pas de bonnes vie et mœurs, qui ne jouissent pas d'une bonne renommée, sont exclus du droit électoral. Il faut être chef de famille ou maître de maison. Dans quelques États il faut être inscrit au rôle des contributions pour une somme déterminée. Enfin dans ce pays où l'impulsion est généralement donnée par la soif d'acquérir, où le travail et l'émulation conduisent promptement à la fortune, les éléments de désordre sont rares. L'instruction y est plus avancée ; les neuf dixièmes de la population savent lire et écrire, tandis qu'en France c'est la proportion contraire qui existe. Dans les diverses constitutions des monarchies européennes, ou octroyées spontanément ou conquises par la manifestation de l'opinion, on voit le droit électoral entouré de garanties qui varient d'après les mœurs et les institutions. Toutes s'accordent sur le point capital, sur la nécessité d'exiger la justification d'une contribution. Partout la qualité de propriétaire est considérée comme une condition à laquelle nulle autre ne peut suppléer. La propriété, c'est pour la société l'ancre de salut.

La Charte de 1830 avait, par une disposition expresse,

[1] M. Laurent de l'Ardèche, — *la République*, 3 novembre 1848.

déclaré qu'il serait pourvu par une loi spéciale à la fixation des conditions électorales et d'éligibilité. Lorsqu'en 1831 la Chambre eut à procéder à la confection de la loi promise, il ne vint à l'esprit de personne de proposer le suffrage universel ; on hésita même sur la question d'abaissement du cens, l'expérience en effet avait eu lieu sur celui de 300 francs, fixé par la Charte de 1815. On n'avait pas oublié que les élections faites d'après le système du renouvellement par cinquième adopté par la loi du 5 février 1817, avaient chaque année apporté au parti libéral un accroissement de forces tel que, dès 1820, la majorité, telle qu'elle avait existé jusque-là, craignant de voir disparaître entièrement son influence, crut devoir recourir au système du fractionnement de la masse électorale et à la création d'un collége des plus imposés. On avait à cette époque la conviction qu'il aurait suffi, pour satisfaire l'opinion, de supprimer le collége des plus imposés et par suite l'innovation du double vote. Toutefois la question fut sérieusement agitée. Le projet de loi fut débattu non-seulement dans les bureaux mais aussi dans des réunions particulières. La réunion Lointier, l'une des plus nombreuses [1], se composait de députés appartenant à diverses nuances de la Chambre. L'abaissement du cens, soit pour l'électorat, soit pour l'éligibilité, y fut considéré comme une nécessité ; mais on parut généralement convaincu de cette vérité qu'au-dessous d'une certaine limite de fortune il n'y avait plus dans l'électeur assez d'indépendance pour que l'on n'eût pas à craindre que les choix ne fussent

---

[1] L'auteur de cet écrit en faisait partie.

dictés par des influences locales. Ce furent les députés de l'Ouest et du Midi qui insistèrent surtout pour faire ressortir le danger de ces influences que plus que tous les autres ils paraissaient redouter. Il fut décidé que l'amendement de M. de Sade, qui avait proposé le cens de 200 fr., serait appuyé par les membres de la réunion; que le cens pour l'éligibilité serait abaissé à 500 fr. Cette double proposition fut consacrée par le vote de la Chambre.

De la réforme électorale.

Depuis la loi de 1831[1], la réforme électorale a été pour la polémique un texte inépuisable. Jusque-là les légitimistes comme les libéraux constitutionnels avaient été d'accord sur ce point, que le principal moyen de garantir l'ordre social était de fonder le droit électoral sur la propriété et sur certaines garanties de position ou de capacité. Il y avait loin de l'esprit qui dominait alors aux doctrines qui depuis ont été professées, aux vœux qui ont été exprimés dans des feuilles se prétendant les organes du parti légitimiste. Alors la prépondérance des basses classes avait été présentée comme un péril ; on demandait maintenant que le cens électoral fût abaissé jusqu'à sa dernière limite, et, redoutant l'influence de la classe moyenne, on invoquait le suffrage universel, persuadé sans doute que le peuple, dès qu'il serait admis à voter, choisirait de préférence ses mandataires dans les rangs de ce parti. Ils demandaient, il est vrai, l'élection à deux degrés, tandis que le parti radical, tout en formu-

[1] 19 avril.

lant en apparence le même vœu, demandant aussi le
suffrage universel, réclamait le suffrage direct. C'est ce
qui avait fait dire à un publiciste judicieux, « Je laisse
« à ces deux réformes qui portent le même nom le soin
« de s'accorder; elles diffèrent, au fond, de toute la dis-
« tance du ciel à la terre. La loi électorale représente la
« propriété, c'est sur la propriété qu'elle fait reposer le
« droit. On veut passer par les droits politiques pour
« arriver à la propriété, qui est le but et l'objet de toutes
« les révolutions. [1] »

On avait peine à comprendre un tel changement de
doctrines dans un parti éminemment conservateur et
chez lequel se rencontrent presque toujours réunies et
l'instruction et la fortune. S'il s'y trouvait encore des
hommes qui s'abusassent sur l'influence qu'ils peuvent
exercer au point de rester persuadés que les suffrages
de tous ceux qui les entourent ou qui se trouvent plus
ou moins dans leur dépendance leur sont acquis ; si la
révolution qui a si profondément altéré les rapports et
les liens sociaux ne leur avait pas dessillé les yeux, il faudrait les plaindre dans leur aveuglement, sans accuser
leurs intentions. Que ne peuvent-ils, munis du talisman
dont l'Arioste raconte l'effet merveilleux, se transporter
invisibles au domicile des individus qu'ils croient si dociles à leurs inspirations ! Que ne peuvent-ils prêter
l'oreille à leurs entretiens intimes, soit lorsque des vi-
maires ont trompé leurs espérances, soit lorsqu'ils éprou-
vent des privations, les entendre exhalant leur mécontentement, enviant le sort de ceux que la fortune a mieux

[1] *Journal des Débats*, 6 juin 1834.

traités, invoquer de leurs vœux non cette égalité de droits qu'ils ne comprennent pas ou qui leur importe peu, mais cette égalité matérielle que promettent de leur procurer des apôtres nouveaux, incessamment occupés à détruire en eux le sentiment d'une pieuse résignation, espérant trouver ensuite dans ces hommes simples des instructeurs prêts à seconder leurs vues de destruction sociale! Alors disparaîtrait l'illusion qui les faisait pencher vers cette fatale innovation. Ils acquerraient la pénible conviction que les suffrages sur lesquels ils avaient compté avec une imprudente confiance ne manqueraient pas de se porter sur ces corrupteurs du peuple.

Il est, et il faut le croire, il y aura encore des exceptions. La disposition des esprits n'est pas la même dans toute la France. Il est des départements où par des circonstances particulières, l'influence religieuse, celle des grands propriétaires, celle d'anciens noms entourés d'une auréole de considération, peuvent quelque temps se maintenir. Dans ces départements l'élection à deux degrés pourrait conduire à des résultats plus rassurants, mais l'élection à deux degrés prévaudra-t-elle sur l'élection directe? il est permis d'en douter. Mais dans cette supposition même, si le système n'était pas reproduit dans son ensemble, le même danger subsisterait, il produirait les mêmes résultats que le suffrage universel direct.

La loi du 22 décembre 1790, créatrice de ce système, avait établi entre les citoyens de la même commune une distinction. Il est bon d'en faire ressortir l'importance.

Ceux qui réunissaient certaines conditions étaient considérés comme citoyens actifs. Ceux qui ne les réunissaient

pas étaient rangés dans la classe des citoyens non actifs.
Il fallait, pour être citoyen actif, payer une contribution
égale à celle de trois journées de travail[1], être domicilié
depuis un an, être âgé de 25 ans, ne point être en état de
domesticité. Le décret du 11 août 1792, rendu pour la
convocation de la Convention le lendemain du renversement du trône, abolit la distinction établie par l'Assemblée constituante entre les citoyens actifs et non actifs; il ne laissa subsister que l'obligation de justifier du
domicile d'une année et la condition de ne pas être en
état de domesticité. Mais le décret du Gouvernement provisoire, plus révolutionnaire encore que celui de 1792,
non-seulement n'a pas rétabli la sage distinction entre les
citoyens actifs et les citoyens non actifs, il a fait disparaître l'incapacité résultant de l'état de domesticité, il a
conféré la faculté de voter à tout individu âgé de 21 ans,
et réduit à six mois la durée du domicile, disposition dé-
plorable qui, dans les grands centres de population, a eu
une fâcheuse influence sur la moralité des élections, en
admettant au droit de voter cette population turbulente
et nomade d'ouvriers inoccupés, n'ayant pas de domicile fixe, que l'on rencontre dans toutes les séditions,
toujours disposés à prêter ou à vendre leur concours aux
conspirateurs quels qu'ils soient.

Si donc l'élection à deux degrés avait lieu sans le réta-
blissement de la distinction que je viens de signaler et des
conditions prescrites par la loi de 1790, il est évident que
les influences sur lesquelles on aurait fondé tant d'espé-

---

[1] La valeur de trois journées de travail en 1790 représenterait
celle de six journées en 1850.

rances se trouveraient à peu près annihilées, qu'elles fini-
raient bientôt par disparaître.

Aucun parti ne peut donc s'abuser sur la disposition
des esprits. Les hommes modérés qui aujourd'hui sont
en majorité à la Chambre pourraient, dans une circon-
stance donnée et si la loi n'y pourvoit, ne plus s'y trouver qu'en minorité. Il faut le dire, il faut le répéter sans
cesse, cette triste éventualité est la cause des préoccupations et de l'inquiétude qui poursuit tous les hommes en
état de réfléchir. Elle est l'obstacle qui s'oppose aux en-
treprises qui auraient besoin d'une entière sécurité. On
n'a pas confiance dans l'avenir, chacun sent qu'un danger
menace la société. Le législateur ne peut s'en dissimuler
l'existence, les avertissements ne lui ont pas manqué.

« La toute-puissance fatale du suffrage universel
« sans règles et sans limites a trompé jusqu'ici, dans
« les trois quarts de la France, les espérances des
« démagogues; mais si un malheur politique, un acci-
« dent des saisons, vient un jour nous surprendre au
« milieu des opérations électorales, nul ne peut répon-
« dre que le pouvoir légal de la société ne se trouvera
« pas soudainement remis aux mains précisément des
« partis ou des hommes qui ont juré de l'anéantir... Il
« suffit d'une défaite, d'un tour de roue de cette immense
« machine qu'on appelle le suffrage universel pour que
« tout en France soit bouleversé.[1] Il y a dans le triom-
« phe, prématuré peut-être, du suffrage universel, plus
« qu'une révolution politique il y a une révolution so-
« ciale... Avec le levier du budget et le point d'appui du

[1] *L'Ordre*, 5 septembre 1849.

« suffrage universel, le socialisme est sûr de déplacer
« la majorité législative, ce n'est plus qu'une question
« de temps [1]. »

Il n'y a pas à tergiverser, la réforme électorale doit
désormais être envisagée comme la question principale.
Quelques défaites partielles ne désarmeront pas les ennemis de la chose publique. Il faut se décider à aborder
les difficultés dont elle peut être entourée. Il est temps
que le vaisseau de l'Etat, si longtemps ballotté par la tem-
pête, rentre au port.

L'expérience a prononcé, il doit être permis aujour-
d'hui de faire justice de ces délirantes utopies qui ont
créé le péril. Il faut se hâter de revenir aux principes
qui, jusqu'à ces derniers temps, avaient servi de règle
pour la fixation des droits électoraux.

La réforme qu'avant l'apparition de la République
l'opposition constitutionnelle poursuivait de ses vœux
n'était ni l'abandon de ces principes ni le renversement
des institutions. « Une réforme, disait l'un de ses ora-
« teurs, n'est pas une subversion radicale du système
« électoral; elle doit être un progrès, elle ne saurait être
« une révolution ; c'est par une réforme progressive que
« la loi se mettra en harmonie avec la marche de l'es-
« prit humain. Le système électoral a des vices, moins
« pour ce qu'il renferme que pour ce qu'il omet. » [2]

Extension des incompatibilités, admission des capaci-
tés, vote au chef-lieu du département, telles étaient les
principales modifications de la loi de 1831, qui étaient

---

[1] *La Presse,* 23 et 25 septembre 1849.

[2] **M.** Pagès de l'Ariége. *Moniteur* du 7 février 1835.

réclamées par l'opposition. Avec des ministres qui eussent pris au sérieux le gouvernement représentatif, qui eussent voulu se persuader que les améliorations et le progrès sont de l'essence de ce gouvernement, il eût été possible de s'entendre, de discuter sur l'étendue de ces concessions. Mais le ministère dédaigna de céder sur quoi que ce fût, il fut sourd à tous les vœux, à toutes les manifestations, l'irritation arriva à son paroxysme, il dut succomber. Dans cette lutte étaient malheureusement intervenus les éléments dissolvants ; aussi l'anarchie prit-elle bientôt la place de l'ordre et les utopies celle des principes conservateurs.

A la suite d'un ébranlement qui a laissé tant de ruines, il ne faut pas s'étonner que, parmi les amis d'une liberté sage, beaucoup aient perdu de leurs illusions. Il faut féliciter ceux qui, loin de se laisser abattre, ont poussé un cri de ralliement. Ce cri a été entendu, il se propage, les rangs se serrent et une réaction salutaire se manifeste sur tous les points. Aussi voit-on les républicains de la veille s'en alarmer, s'en indigner ; mais la réaction était inévitable, elle était dans la nature des choses. A qui au surplus peuvent-ils s'en prendre, si ce n'est à leur attitude, à leur langage de plus en plus hostile envers la société ?

S'il est vrai que « les horreurs de 1793 ont fait reculer « de 30 ans en Angleterre les sympathies éveillées par « la Constituante [1], » il sera également vrai que la révolution de 1848 aura interrompu et arrêté pour longtemps en France les progrès de la liberté. « Pensez-« vous, disait à la tribune un brillant orateur, que l'on

---

[1] M. de Carné, *Du gouvernement représentatif.*

« croie à la liberté, au progrès, à la marche ascendante
« de la civilisation, comme on y croyait il y a deux ou trois
« ans? Croyez-vous qu'en Europe et surtout en France,
« les consciences ne soient pas effrayées, les cœurs
« découragés?... Non, il n'est pas un sur mille des libé-
« raux d'autrefois qui ait encore aujourd'hui la même
« ardeur pour la grande liberté publique. Savez-vous
« ce qui éteint dans les cœurs la flamme rayonnante de
« la liberté? ce n'est pas la main de la tyrannie, ce sont
« eux, ces odieux démagogues dont je parlais[1]. »

Il est impossible de le nier, le parti libéral a perdu
de ses forces et de ses convictions, il n'est plus dans cette
position prospère où naguère il se flattait de toucher au
but, la réalisation, la sincérité du gouvernement représentatif. Beaucoup se demandent si la révolution de 1789,
que l'on se plaisait à signaler comme une œuvre de réformes, n'aurait pas été en réalité une œuvre de dissolution dont la révolution de Février n'aurait été qu'un
douloureux épisode. Voilà le mal profond, le mal moral
qu'ont fait à la plus belle des causes tant de crises vio-
lentes, l'oubli ou l'abandon des principes conservateurs de toute société civilisée.

Il ne s'agit plus aujourd'hui, pour le parti libéral, de
poursuivre des améliorations dans les institutions, mais
de s'unir à tous les hommes modérés pour rasseoir la
société sur ses fondements, pour lui rendre une sécurité qui n'existe plus ou qui ne repose que sur les bonnes
dispositions de l'armée ; sécurité qu'à tout prix il importe

[1] M. de Montalembert, séance du 20 octobre 1849.

de rétablir et qui ne renaîtra qu'après la réforme du suffrage universel.

Électeurs illettrés.

Que la majorité se garde bien de reculer devant la crainte du mécontentement que pourrait produire cette indispensable réforme ; qu'elle aborde avec résolution et sans inquiétude l'examen des conditions qui devront être attachées au droit ou à la faculté de voter. L'opinion, pour avoir été muette sur la nature ou les limites de ces modifications, n'en est pas moins disposée à accueillir toutes celles qui seront jugées nécessaires. La résistance ne sera pas aussi formidable que semblent vouloir le persuader ceux qui, déchus du pouvoir, se flattent de l'espoir de le ressaisir. Le peuple, dont ils se disent les organes ou les défenseurs, n'attache pas un aussi haut prix à l'exercice d'un droit dont on l'a investi sans qu'il l'eût réclamé. Les électeurs des campagnes et une grande partie de ceux des villes, la plupart illettrés, ignorent le plus souvent, je ne dis pas le degré d'aptitude, mais même le nom des candidats pour lesquels on sollicite leurs suffrages. Pressés pour accepter telle ou telle liste, ils seraient loin de se plaindre d'être débarrassés des importunités dont ils sont accablés au jour d'une élection. Ils ont fait la triste expérience que leur confiance et leur bonne foi ont été souvent trompées ; qu'après avoir agréé la liste qu'on leur avait persuadé être la meilleure, ils se la sont vu arracher par des solliciteurs adroits qui leur en substituaient une autre. Ne sait-on pas que partout le même manége est plus ou moins ouvertement employé? que l'aveu naïf en a été fait à la tribune[1]? que ces électeurs dociles ne sont que des instruments passifs dans la main des ambitieux? Enfin on peut présenter comme preuve de leur indifférence, relativement à leurs prétendus droits politiques, et le peu d'empressement qu'ils mettent à se rendre aux élections et les efforts que chaque parti est obligé d'employer pour les déterminer à remplir ce qu'on leur dit être un devoir et dont ils ne demanderaient pas mieux que d'être déchargés. Ce ne serait donc qu'une agitation factice, produite par des excitations intéressées, celle qui pourrait apparaître dans le cas où un projet restrictif du suffrage universel serait présenté.

Il n'est assurément dans la pensée de personne qu'il faille priver indistinctement du droit de voter tous les citoyens qui y ont été admis par le décret du Gouvernement provisoire; mais on a dû insister sur la nécessité d'exiger de chacun d'eux, comme une garantie pour la société, la justification d'une cote de contribution qui pourrait être plus ou moins modérée, selon le système qui serait adopté, l'élection directe ou l'élection à deux degrés.

---

[1] Schoelcher, député de la Guadeloupe, dont l'élection fut annulée et auquel on reprochait l'emploi de semblables manœuvres, répondait : « Ce qu'a fait N... dans mon intérêt se pratique en « France dans toutes les élections. » (Séance du 17 octobre 1849.)

Vote de l'Armée.

Quand, en politique, on part d'un principe faux ou qui n'est pas d'une vérité absolue, il est rare qu'on n'arrive pas à des conséquences fatales ou absurdes. Partant du principe d'égalité, les fondateurs de la République, oubliant que la liberté et l'indépendance sont des conditions inséparables de l'exercice des droits politiques, ont conclu que l'exercice du suffrage universel devait s'étendre jusqu'aux militaires sous les drapeaux. Qui serait assez aveugle pour ne pas voir qu'il n'existe pas de liberté réelle pour le soldat soumis aux lois de la discipline et pour qui l'obéissance à ses chefs est un devoir de tous les instants ; que la crainte ou le désir de l'avancement sont des sentiments auxquels il est toujours disposé à faire des sacrifices ; qu'il n'est pas en position de connaître les droits que peuvent avoir à sa confiance les candidats dont on lui prononce les noms. Il accordera, volontairement si l'on veut mais avec une parfaite indifférence, son suffrage à celui qui lui sera indiqué par ses chefs. La loi de 1792, comme celle de 1790, interdisait aux individus en état de domesticité le droit de voter. Cette prohibition était fondée sur un motif plausible, sur l'état de dépendance du serviteur et sur l'influence présumée du maître. Mais n'y a-t-il pas identité de position dans l'un et l'autre cas? Il y aurait plus de subtilité que de solidité dans la distinction que l'on prétendrait faire sur ce point entre la position du soldat et celle du serviteur.

On serait tenté de croire que le Gouvernement provisoire, en admettant d'une part à voter le militaire sous le drapeau et d'autre part en réduisant à 21 ans l'âge requis pour exercer ce droit, c'est-à-dire en prenant au berceau de la vie politique le conscrit et le fils de famille pour en faire des électeurs, sans s'occuper du degré de maturité de l'un ou de l'autre, se serait proposé ou de créer des instruments pour la tyrannie, ou d'introduire des ferments de trouble et d'agitation dans les réunions électorales.

Que la loi admette le militaire à voter lorsqu'il est en permission ou en congé au sein de sa famille, au milieu de ses concitoyens, cela peut se concevoir. Mais puisque l'armée est essentiellement obéissante, le soldat sous le drapeau doit demeurer étranger aux préoccupations politiques. Il y a d'ailleurs un danger évident à laisser circuler dans les casernes des circulaires de candidats, des professions de foi qui ne sont pas toujours irréprochables, qui, ainsi que cela est déjà arrivé, peuvent, en excitant la fermentation, nuire à la subordination et à la discipline.

Enfin l'histoire fournit des enseignements dont il faut savoir profiter. Appeler l'armée à voter serait sous tous les gouvernements une faute et une imprudence Ne sait-on pas que les légions romaines nommaient et renversaient les empereurs, qu'avec de l'audace ou des largesses habilement distribuées, le plus incapable pouvait arriver au pouvoir suprême ? Bien que, dans notre organisation politique, un semblable danger soit peu à redouter, il ne faut pas moins reconnaître que c'est, sans utilité pour elle ainsi que pour la société, engager l'armée dans une mauvaise voie, que c'est faire une fausse application du principe de l'égalité et créer une innovation que rien ne saurait justifier.

Nomination du Président de la République.

Deuxième Objection.

Il est une autre objection à laquelle je me suis réservé de répondre. Pour prouver que le peuple a le sentiment de ce qui peut être avantageux ou nuisible à l'intérêt général, on invoque le choix qu'il a fait du pré-sident de la République, choix auquel faisait obstacle la candidature d'un général qui avait rendu à la cause de l'ordre des services que sans ingratitude on ne pouvait oublier ; services officiellement rappelés par la plupart des fonctionnaires de l'époque. Cependant, ajoute-t-on, sourd à toutes les recommandations, à toutes les insinua-tions qui auraient pu, en une autre occasion, exercer sur lui une grande influence, il s'est invariablement, una-nimement pour ainsi dire, attaché au nom que son bon sens lui indiquait. L'élu du 10 décembre a par la sagesse de son gouvernement, par son dévoue-ment, par son habileté à triompher des obstacles, jus-tifié un choix qui n'est dû cependant qu'à l'application du suffrage universel.

Il suffira pour répondre à l'objection de dire que cette nomination est une exception qui n'enlève rien à la force des raisons sur lesquelles est fondée la nécessité d'exiger de l'électeur des garanties dans l'intérêt de la société.

Si l'empereur Napoléon a été deux fois renversé du trône, c'est par la coalition de toutes les forces de l'Europe, secondées par la trahison. Il a pu pécher par imprévoyance ou trop se confier à son heureuse étoile, mais, quoi qu'aient pu dire ses détracteurs, il ne fut jamais abandonné par le peuple, qui au contraire a voué à sa mémoire une sorte de culte. En appelant à la présidence de la République le neveu de Napoléon, l'héritier désigné par les sénatus-consultes, le peuple, obéissant à sa propre impulsion, n'a fait que céder au sentiment d'un dévouement instinctif; il lui a semblé, par cet acte significatif, faire revivre l'ombre chérie qu'il poursuit encore aujourd'hui de ses regrets. La Restauration, mal inspirée, proscrivit son image, elle ne put l'effacer des cœurs. « Jamais « souverain ne représenta si directement, si exactement, « l'immense majorité de la nation... Le mot que rap- « porte Napoléon (dans ses Mémoires), d'une vieille « femme qu'il fit causer en montant la route de Tarare, « et qui ne le connaissait pas, ce mot est profond et « dit tout : *Les autres* étaient les rois des grands, *celui-ci* « est *le roi du peuple.*[1] » On ne trouve dans l'histoire rien de comparable à sa marche pour ainsi dire triomphale, au retour de l'ile d'Elbe. A peine le télégraphe a-t-il annoncé son débarquement que les cœurs volent au devant de lui; il s'avance presque seul, laissant derrière lui une poignée de gardes fidèles; les baïonnettes qu'on avait voulu lui opposer s'abaissent à

[1] *Histoire de Napoléon*, par Élias Regnaut.—1847.

son aspect, les villes lui ouvrent leurs portes ; salué sur toute sa route par des acclamations enthousiastes, il est pour ainsi dire porté, du golfe Juan aux rives de la Seine, sur les bras du peuple. Cet attachement vif et profond, loin de diminuer pendant son second exil, ne fit que s'accroître ; il aurait pu, dans un moment imprévu, faire explosion[1]. Et lorsqu'enfin une lente agonie eut terminé ses jours, Louis-Philippe, monté sur le trône, ne pouvait faire un acte plus sympathique au vœu national exprimé dans de nombreuses pétitions[2], qu'en envoyant l'un de ses fils recueillir ses cendres sur le rocher de Sainte-Hélène.

[1] Je crois pouvoir citer, à l'appui, une scène des plus émouvantes et des plus dramatiques, dont j'ai été l'un des témoins en 1817.

Ayant un voyage à faire dans un département du centre qui n'était pas percé alors de routes, j'étais parti à cheval avec un de mes amis, capitaine de chasseurs, accompagné lui-même d'un soldat qui lui servait de domestique. Deux autres personnes de notre connaissance et dont nous avions fait rencontre se réunirent à nous. Pour arriver à notre destination, nous avions à parcourir des chemins de traverse. C'était l'époque de la fauchaison et de l'ouverture des moissons. Nous étions loin de nous douter de l'effet que pouvait produire la flamme attachée à la lance du chasseur ; mais aussitôt qu'elle eut été aperçue, faucheurs et moissonneurs, abandonnant leurs travaux, aux cris de Vive l'Empereur répétés de prairie en prairie, se précipitent à notre suite et, notre bruyante escorte grossissant d'instants en instants, nous fûmes obligés de nous arrêter pour désabuser ces bons paysans qui avaient cru voir dans la flamme flottante le drapeau tricolore. Nous eûmes beaucoup de peine à leur faire comprendre que l'Empereur était toujours prisonnier. (Le capitaine de chasseurs est aujourd'hui juge de paix à M.....)

[2] Un rapport sur plusieurs de ces pétitions fut, dès le 2 octobre 1830, présenté à la Chambre des députés.

Le neveu de Napoléon se présentant aux suffrages du peuple n'avait donc besoin que de décliner son nom, il était assuré d'avance de les obtenir.

Quel qu'eût été le mode ou le système d'élection, le résultat eût été le même. Il serait le même aujourd'hui, et sa réélection serait encore assurée si une modification nécessaire et désirée de la loi constitutionnelle venait à la rendre possible.

Cette nomination à la première magistrature de l'État est donc, par la position toute spéciale de celui qui a réuni six millions de suffrages spontanés, une exception d'où on ne peut rien conclure et qui n'infirme en rien les considérations présentées contre le maintien du suffrage universel direct et sans limites.

Conclusion.

Si le droit de propriété est la base et le point de départ de toute société civilisée, si le principe n'est contesté que par la folie, il faut bien en déduire les conséquences. L'une des plus évidentes, celle qui se présente la première à l'esprit, c'est que dans l'intérêt de sa conservation, la société doit confier aux propriétaires du sol, avant tous autres, le soin de la défendre contre les ennemis de la propriété; que c'est à ceux qui paient l'impôt qu'appartient le droit d'en déterminer la quotité et l'emploi; que le nombre de ceux que la loi appelle à la représenter doit être fixé, non-seulement en raison de la population, mais aussi de l'étendue territoriale et du

montant des contributions ; que les établissements indu-
striels et le commerce qui concourent si puissamment à la
prospérité de l'Etat, que la science, fruit de l'expérience
et de l'observation, qui hâte et assure les progrès de la civilisation, doivent également être admis à participer à la
gestion des affaires du pays ; qu'ainsi la politique, la pré-
voyance et la raison veulent que ce soit dans la classe des
propriétaires, des patentés et dans le sein des professions libérales que soient pris les électeurs, c'est-à-
dire ceux que la loi investit de la plus importante des
fonctions, puisque c'est de la bonté des choix que dépend
en définitive et la sécurité au dedans, et l'influence de
l'État au dehors.

Si j'ai démontré : 1° que le suffrage universel est une
déception, qu'il n'exprime que rarement le vœu du
peuple ; 2° qu'en déplaçant les influences légitimes, il est
un contre-sens politique ; 3° qu'en laissant aux mauvaises
passions la faculté de se produire périodiquement et d'é-
branler l'ordre établi, il constitue un péril permanent,
j'ai démontré par là même l'impérieuse nécessité de ren-
fermer dans de justes limites l'exercice de ce droit.

Quelles devront être ces limites ? c'est à la prudence du
législateur de le décider. C'est également à lui, pour opé-
rer les modifications jugées nécessaires, qu'il appartient
de choisir le moment opportun. J'ai dû me borner à en
faire ressortir l'impérieuse urgence, persuadé que, sur
cette question capitale, il ne perdra pas de vue la maxime
Salus populi suprema lex.

Imprimerie Bonaventure et Ducessois, 55, quai des Grands-Augustins.

www.ingramcontent.com/pod-product-compliance
Lightning Source LLC
Chambersburg PA
CBHW051354060726
47596CB00005B/1919